www.ingramcontent.com/pod-product-compliance
Lightning Source LLC
LaVergne TN
LVHW010844051026
849532LV00007B/2814
9789369086917

خوشبو کے داغ

(نظمیں)

علیم صبا نویدی

Khushbu ke Daagh *(Nazms)*
by: Aleem Saba Navedi
Edition: September '2025
Publisher :
Taemeer Publications LLC (Michigan, USA / Hyderabad, India)

ISBN 978-93-6908-691-7
9 789369 086917

کتاب	:	**خوشبو کے داغ** (نظمیں)
مصنف	:	**علیم صبا نویدی**
مرتب	:	سید سجاد حسین
صنف	:	شاعری
ناشر	:	تعمیر پبلی کیشنز (حیدرآباد، انڈیا)
سالِ اشاعت	:	۲۰۲۵ء
صفحات	:	۸۸
سرورق ڈیزائن	:	تعمیر ویب ڈیزائن

فہرست

نمبر	عنوان	صفحہ	نمبر	عنوان	صفحہ
۱	مقدمہ	5	۱۸	کیوں آئی ہو	52
۲	نعت	20	۱۹	بھول بھی جاؤ	54
۳	صبحِ تخلیق	22	۲۰	تنہائی کی سوغات	56
۴	ساحلِ مدراس	24	۲۱	کوئی تم سا تو ہوتا	58
۵	گمنام	26	۲۲	بھول	60
۶	سپاہی	28	۲۳	اے جانِ صد بہار	62
۷	احساسِ تنہائی	30	۲۴	کیا تم نہ آؤ گے	64
۸	یادوں کے زخم	32	۲۵	زخموں کی چیخ	66
۹	یہ دنیا ہے	34	۲۶	کہاں تک ساتھ آؤ گے	68
۱۰	تیرا دیوانہ	36	۲۷	مرینا کی فضاؤں میں	70
۱۱	جب تم نہیں ہوتے	38	۲۸	اُبھرنے کی اُمنگ	72
۱۲	آخری لمحہ	40	۲۹	تیری منزل سے دُور	74
۱۳	شب برات	42	۳۰	معذرت نامہ	76
۱۴	کچھ یاد نہیں ہے	44	۳۱	سمجھوتہ	78
۱۵	التجا نامہ	46	۳۲	دیرینہ خطوط	80
۱۶	تم کیوں یاد آتے ہو	48	۳۳	تحفۂ دعا	82
۱۷	ایک بے وفا سے	50	۳۴	احساسِ شکست	84
			۳۵	اے مرے ہندوستاں	86

خوشبو کے داغ

علیم صبا نویدی کی رومانی نظموں کا انتخاب

مرتبہ

ڈاکٹر سید سجاد حسین

سینئر اردو لکچرار شعبۂ اردو۔ مدراس یونیورسٹی

مدراس ۵

ڈاکٹر سید سجاد حسین
شعبۂ اردو، مدراس یونیورسٹی

مُقدّمہ

علیم صبا نویدی کو اپنے ہم عصر شعراء اور ادیبوں میں ایک ہجہ تراش شاعر اور معتبر فن کار کی حیثیت حاصل ہے مدراس کی مردم خیز زمین کا پروردہ یہ فن کار اپنے ذہن کی، فکر وفن کے گل بوٹوں کی آبیاری میں ہمہ تن مصروف رہتا ہے۔ شعری ہیئتوں کے نئے تجربے ہوں، یا آہنگ و اسلوب کے نئے تقاضے، علیم صبا پورے انہماک اور اعتماد سے انہیں پروان چڑھاتا ہے۔ بیسیوں کتابوں کا مصنف ٹمل ناڈو سے امتیازِ میر کا واحد اعزاز یافتہ فن کار اپنی تجدیدی قوتوں اور اختراعی صلاحیتوں کی داد وتحسین ہند وپاک کے متعدد اور بلند پایہ دانش وران شعر وادب سے حاصل کر چکا ہے۔ علیم صبا نویدی ایک شہرۂ آفاق شاعر ہے۔ ہر صنفِ سخن سے اس کی فکر وفن کو گہری نسبت ہے۔ سانیٹ لو، ہائیکو کی ہیئت میں نعتِ رسول ﷺ کی پیش کشی کا سہرا علیم ہی کے سر ہے۔ جدید غزل کو بھی اسی کی کاوشوں سے سرخروئی ملی۔ اب اس نے اپنی تخلیقی رفتار کو سست کر کے تحقیق کی خار زار وادیوں میں جادہ پیمائی شروع کر دی ہے۔ صبا نویدی کی نثر بھی اس کی شاعری سے کم اہم نہیں۔ "جنوب کا شعر وادب" (جلدِ اوّل)، علیم کے تحقیقی مضامین پر مشتمل ایک تازہ ترین تصنیف ہے۔ جو اس کی محققانہ ذہنی عرق ریزی اور اس کے انشاء کی خوبیوں اور لطافتوں کی ضامن ہے۔

زیرِ نظر مجموعہ "خوشبو کے داغ" علیم صبا نویدی کی ٹیپ بند نظموں پر مشتمل ہے اس میں شامل نظمیں تقریباً 32 سال پرانی ہیں اور ہیئت بھی کلاسیکی ہے۔ صبا نویدی کے عنفوانِ شباب کی یہ نظمیں وارداتِ عشق کی ترجمان اور داخلی تجربات واحساسات کی غمازی کرتی ہیں۔ قارئین کو یہ جان کر حیرت ہوگی کہ 1961 - 1964 کے دوران لکھی گئی یہ ٹیپ بند نظمیں 1993ء کے اواخر میں شائع ہو رہی ہیں۔ اگر زمانی ترتیب سے دیکھا جائے تو "خوشبو کے داغ" کو "صلائے طرحِ نو"

اور "لمسِ اوّل"[2] دونوں سے بھی پہلے شائع ہوجانا چاہئے تھا لیکن کیوں ایسا نہیں ہوا؟ کیا صبا نویدی نے مصلحتاً ایسا کیا؟ یا خود اس کی نظر میں یہ منظومات درخورِ اعتنا نہیں تھیں؟ راز امتیاز کی طرح راقم الحروف بھی یہ سوال اٹھانا چاہتا ہے کہ "خوشبو کے داغ"، "طرحِ نو" سے پہلے شائع ہوتا تو کیا تاثر قائم ہوتا؟ اور اس کا استقبال کس طرح ہوتا؟ دوسرے یہ کہ کیا "خوشبو کے داغ" کی اشاعت میں غیر معمولی تاخیر، صبا نویدی کے فن کارانہ وقار و عظمت میں حائل ہوتی؟ میرے پاس ان دونوں سوالوں کا مشترکہ جواب یہ ہے کہ جس طرح میرؔ کی عظمت اُن کے بہتّر نشتر سے مرزا شوق لکھنوی کی مثنوی "زہرِ عشق" سے اور امتیاز علی تاج کا ڈرامہ "انار کلی" سے مسلّم ہے۔ اسی طرح صبا نویدی نے اگر "طرحِ نو"[1] اور "لمسِ اول"[2] کو ترتیب نہ دیا ہوتا تو بھی اس کے مجموعے "نور السمٰوٰت"[3] (رسائیٹ کا مجموعہ اور غزلوں کا مجموعہ) "اثرِ خامہ"[4] اُسے زندہ جاوید بنا دینے کے لیے کافی تھے۔

"خوشبو کے داغ" صبا نویدی کے تخلیقی جوہر کا ابتدائی نمونہ ہے، مگر طباعت کے نقطۂ نظر سے اس کا مؤخر الاشاعت مجموعۂ کلام ہے۔ اس مجموعہ میں شامل ٹیپ بند نظمیں ہندوستان کے طول و عرض سے نکلنے والے اردو کے مقتدر رسالوں اور معتبر جریدوں کے صفحات کی زینت بن چکی ہیں۔ ان معتبر رسائل اور جریدوں میں "جمیلہ" دہلی، "شمع" دہلی، "جمالستان" دہلی، "خاتونِ مشرق" دہلی، "آبشار" دہلی، "سریتا" دہلی، "نیرنگِ خیال" پاکستان، "سالار" بنگلور اور ہفت روزہ "نجمہ" مدراس کے نام قابلِ ذکر ہیں۔

"خوشبو کے داغ" میں کُل 34 نظمیں شامل ہیں۔ حمدِ باری تعالیٰ کے بعد "صبحِ تخلیق" (نعتیہ نظم) سے مجموعۂ کلام کا آغاز ہوتا ہے۔ صبا نویدی سراپا نیاز بن کر حضورِ پُرنور کی شان میں اپنی عقیدت مندی کے پھول نئے آہنگ و اسلوب کے ساتھ نچھاور کرتا ہے جس کا اندازہ "صبحِ تخلیق" کے پہلے دو بندوں سے بخوبی ہوتا ہے: ؎

خزاں کے پاؤں میں زنجیر ڈال دی تم نے
قدم قدم پہ اگائی ہے تازگی تم نے

ص ۱ 1974ء ص ۲ 1978ء ص ۳ 1989ء ص ۴ 1991ء

کہاں کہاں نہ بچھائی ہے روشنی تم نے

مٹائی دہر سے تفریقِ باہمی تم نے

تم آئے پھول نے خوش بو کی لو بڑھائی ہے

یہ کائنات تمہیں سے تو کام آئی ہے

تمہاری جنبشِ لب میں گرہ کشائی ہے

کہ اُمیوں کو بھی بخشی ہے آگہی تم نے

اس سے قطع نظر "خوشبو کے داغ" کی بقیہ تمام نظموں میں شاعر کی محرومیوں اور ناکامیوں کا اظہار ملتا ہے۔ ایک سچے عاشق کے زخمی دل کی آواز بھی صاف سنائی دیتی ہے۔ راز امتیاز نے "طرحِ نو" کو زخموں کی شاعری اور "لمسِ اوّل" کو ایک بلند اور اعلیٰ آدرش کی تلاش سے تعبیر کیا ہے۔ میں "خوشبو کے داغ" کو ان دونوں کی ابتدائی کڑی مانتا ہوں جو زخموں کی تازہ مہک سے معطر اور کچلی ہوئی آرزوؤں اور تمناؤں کی ایک دُکھ بھری داستان ہے۔

"خوشبو کے داغ" کی منظومات "زہرِ عشق" کی طرح خود شاعر کے اپنے مشاہدات و تجربات سے عبارت ہیں۔ ہر نظم میں عشق و محبت کا کوئی نہ کوئی پہلو اظہار بیان کے نئے انداز لے کر سامنے آتا ہے۔ جذبے اور فکر کی یک رنگی کے باوجود صبا نویدی کے اظہار کی رنگا رنگی اور بیان کی دل کشی قابلِ تحسین ہے۔ اُسے فکر و فن کی آمیزش کا سلیقہ خوب آتا ہے۔ اسی لیے ہر نظم میں تخیل کی جدت و نُدرت، الفاظ کی بندش اور تراش خراش سے ایک نئی کیفیت کا احساس ہوتا ہے۔

"خوشبو کے داغ" کی تمام نظموں کا نچوڑ نظم "دیرینہ خطوط" میں آگیا ہے۔ یہ نظم محب اور محبوب کے درمیان عشق میں گزرے ہوئے لمحات کی یاد تازہ کرتی ہے۔ اُن بیتے ہوئے لمحات میں سرمستیاں بھی ہیں اور تلخیاں بھی، عہد و پیمان بھی ہیں اور سرگوشیاں بھی۔ گلے شکوے بھی ہیں اور لطف و کرم کی باتیں بھی۔ غرض طاقِ زرکار پر رکھے ہوئے ان "دیرینہ خطوط" سے صبا نویدی ایک حرماں نصیب مگر سچے عاشق کی صفات سے متصف نظر آتا ہے۔ اس نظم کے چند بند ملاحظہ کیجیے: ۵

کتنے بیتے ہوئے لمحات کا دیتے ہیں پتہ
کتنے بگڑے ہوئے حالات کا دیتے ہیں پتہ
اک ادھوری سی ملاقات کا دیتے ہیں پتہ
طاقِ زرکار پہ رکھے ہوئے دیرینہ خطوط
یہ خطوط آج بھی کچھ کہتے ہیں سرگوشی میں!
جیسے مصروف ہوں مدت سے یہ دلجوئی میں!
کتنے ہنگامے جنم دیتے ہیں خاموشی میں
طاقِ زرکار پہ رکھے ہوئے دیرینہ خطوط
دیکھ کر مجھ کو مرے حال پہ رو دیتے ہیں !
خود کو ماضی کے سمندر میں ڈبو دیتے ہیں
اور دامانِ شبِ تار بھگو دیتے ہیں
طاقِ زرکار پہ رکھے ہوئے دیرینہ خطوط

ایک حرماں نصیب اور زخم خوردہ عاشق کے حال ار پر خطوط کا رونا غیر فطری امر ضرور ہے لیکن خطوط کو احساس کے پیکر میں ڈھال کر رُلا دینا صبا نویدی کے محاکاتی انداز کو نمایاں کرتا ہے۔

علیم صبا نویدی کا عشق سچا ہے۔ وہ ہر قدم پر خلوص و صداقت کا پیکر نظر آتا ہے۔ غم و آلام کے مہیب بادل اُس کے ان درج ذیل بندوں میں نظر آتے ہیں: ۔

ابھی شرمندۂ تعبیر ہے خوابِ ہستی
ابھی ٹپکی نہیں آنکھوں سے دلوں کی مستی!
ابھی پُر ہول سا ماحول ہے بستی بستی
چند روز اور میری جاں مرے پاس رہو

ابھی سیکھا نہیں قطرے نے سمندر ہونا
ابھی باقی ہے شگوفے کو گلِ تر ہونا
اور اک ذرّۂ ناچیز کو گوھر ہونا

چند روز اور مری جان مرے پاس رہو

اپنی محبت کی پاکبازی اور معشوق کی بے وفائی دونوں کا بیان صبا نویدی نے پوری ایمان داری اور صداقت کے ساتھ کیا ہے۔ علیم کا عشق روایتی ہوتے ہوئے بھی خلوص، ایثار اور قربانی کا حامل ہے۔ عشق کے معاملات میں صبا نویدی کا لہجہ نہایت نرم، صاف اور دھیما ہے۔ وہ اپنی بے لوث چاہتوں کا کھل کر اظہار بھی کرتا ہے اور معشوق کی بے وفائی کا برملا تذکرہ بھی۔ علیم اپنی محرومی اور نا نصیبی کے باوجود کبھی حرفِ شکایت زبان پہ نہیں لاتا بلکہ نہایت سنجیدگی سے اپنی محبوبہ کو اپنی ملاقاتوں کا احساس دلاتے ہوئے اس طرح گویا ہوتا ہے۔ ؎

جاڑے کی ٹھنڈی راتوں میں
چنچل سی حسیں برساتوں میں
اور پیار بھری سوغاتوں میں

میں تجھ کو بہت یاد آؤں گا

گھنگھور گھٹا جب لہرائے
گھونگھٹ میں چندا شرمائے
جب بھیگا موسم تڑپائے

میں تجھ کو بہت یاد آؤں گا

"خوشبو کے داغ" کی نظموں کا محرک صبا نویدی کی وہ ناکامیاں اور محرومیاں معلوم ہوتی ہیں جو اُسے عشق کے دوران نصیب ہوئیں

شکست و ریخت کے حامل ان جذبات کی ترجمانی میں اس نے کبھی اپنے کلام کو بے اثر اور بے رنگ نہیں بنایا۔ علیم نے کیف و سرور، دل کشی و رنگینی کے ساتھ ساتھ محسوسات اور جذبات

کے بڑے خوب صورت پیکر تراشے ہیں ۔ لیکن یہ پیکر تراشی الفاظ کے محلِ استعمال کے بغیر ممکن نہیں ۔ الفاظ، دراصل تجربات، تاثرات اور مشاہدات کے اظہار کا خارجی وسیلہ ہیں ۔ ان میں وجدان کو متاثر کرنے کی صلاحیت بہت زیادہ ہوتی ہے ۔ لیکن الفاظ حسین کا جادو اسی وقت جگایا جاسکتا ہے جب تجربات میں رعنائی اور دلکشی موجود ہو اور مزاج میں جمالیاتی احساس پایا جاتا ہو صبا نویدی احساسِ جمال بھی رکھتا ہے اور متنوع تجربات بھی ۔ اس کا مزاج حسن و عشق کے تلاطم اور رومان پرور کیفیات سے عبارت ہے ۔ یہی وجہ ہے کہ وہ وارداتِ عشق کو کامیابی اور فنکاری سے بیان کرجاتا ہے ۔ وہ محبت کے جذبے اور خارجی شئے کے درمیان تخیلی اور جمالیاتی علاقہ قائم کرتا ہے اور اپنے جذبے کی وضاحت بڑی عمدگی سے کرتا ہے ۔ علیم کی منظومات اس کے ذاتی تجربات و مشاہدات کی امین ہیں ۔ وہ اپنے مشاہدے کے کم زور پہلوؤں اور فطری ناہمواریوں کو اکتسابی فضیلتوں میں چھپانا پسند نہیں کرتا ۔ اسے اپنی فطری کم زوریوں کا پورا احساس ہے ۔ اس کا ظاہر و باطن ایک ہے ۔ وہ اپنی وارداتِ عشق کے ضمن میں پیدا ہونے والے لطیف جنسی میلانات اور جذباتی کیفیات کا بے کم و کاست ذکر کردیتا ہے ۔ ؎

تری آنکھوں سے برستی ہوی مستی کی قسم
تری پُر کیف جوانی تری ہستی کی قسم
میری ناکام تمناؤں کی بستی کی قسم
آج کی رات تری یاد بہت آتی ہے

میری قسمت میں کہاں تیری محبت کا فسوں
قربت کی لطافت تری باہوں کا سکوں
مری قسمت میں یہی ہے کہ میں چپ چاپ رہوں
اے مری مہرِ درخشاں اے مری روحِ حسیں

یہ ترے پھول سے رُخسار پہ آنکھوں کا نشہ
یہ ترے جسم کی خوشبو تیری زلفوں کا نشہ
یہ ترے قرب کی لذّت تری باہوں کا نشہ
کسی زردار کا سرمایہ ہے میرا تو نہیں

عاشق کے دل کی بے تابیاں، ہجر کی بے قراریاں اور وصل کی تمنائیں ہی عشق کے بُنیادی لوازمات ہیں اور یہی علیمؔ کی منظومات کی جان ہیں۔ اس نے معاملہ بندی کے اظہار کو الفاظ و محاوروں کے موزوں استعمال سے ڈرامائی بنا دیا ہے۔ اس کا کمال یہ ہے کہ اس نے معاملاتِ عشق کے بیان میں سوقیانہ پن نہیں آنے نہ دیا۔ علیمؔ کی نظموں کا تجزیہ کریں تو پتہ چلتا ہے کہ اس کے اشعار واقعیت، اصلیت اور داخلیت پر مبنی ہیں۔ وہ نئے نئے الفاظ تراکیب، بندشیں، تاثیر کی نئی صورتیں، حُسن و ادا اور لب و لہجہ کی انفرادیت سے کلام کو تازگی بخشتا ہے لیکن اشعار میں فکری بالیدگی اور فنی استواری میں کمی کا کہیں کہیں ہلکا سا احساس ضرور ہوتا ہے۔ نئی تراکیب اور بندشِ الفاظ کی نئی صورتیں ذیل کے چیدہ چیدہ مصرعوں سے اُجاگر ہوتی ہیں۔

- لبِ صبحِ بہاراں پہ تبسّم کی کرن ناچے!
- تمہارے دل کی دھڑکن گیت کے سانچوں میں ڈھلتی ہے
- کوئی نادیدہ سایہ پاس ہی لہرانے لگتا ہے
- چمن زارِ تمنّا وقت سے پہلے اُجڑتا ہے
- جہاں طوفان کے رُخ پر کشتیٔ اُمید کھیتے ہیں
- سفینہ ہے دلِ صد چاک کا اشکوں کے دھاروں پر
- میرے دامن میں ہے اب رہ گذرِ یاس کی دُھول
  عشق ہے جرمِ وفا، پیار میری زیست کی بھُول
- بہار آئی تو یوں آئی لہو ٹپکا رگِ گُل سے

- قہر و ظلمات کی برسات ہے بستی بستی
- رات تپتی ہے سلگتے ہوئے ارماں ہیں کئی

علیم صبا نویدی ایک حوصلہ مند عاشق ہے وہ اپنی حرماں نصیبی سے پست ہمت نہیں ہوتا بلکہ وہ آرزوؤں اور اُمیدوں کے سہارے جینے اور پانے کا عزم رکھتا ہے۔ وہ اپنی عمر کا ایک ایک لمحہ ہنس ہنس کر اور غم والم سے بچ بچا کر گزارنے کا آرزو مند ہے۔ اسی لیے وہ معشوق کی یاد دل آزاری اور بے وفائی کے باوجود اس کی یاد میں تڑپتے ہوئے اس کی آمد کا منتظر ہے علیم کی سادہ لوحی، بے تابی، فراخ دلی، وارفتگی کا اظہار "کیا تم نہ آؤ گے" نظم کے مندرجہ ذیل بندوں سے ہوتا ہے۔

ذرا آ کر تو دیکھو صبحِ گلشن کیا سُہانی ہے
ہر اک ذرّے پہ کیف و دلکشی کی حکمرانی ہے
مسرت کے ہیں جلوے اور فضائے شادمانی ہے
تمہاری یاد دل تڑپا گئی کیا تُم نہ آؤ گے

مری حدِّ نظر تک ایک نُورانی اندھیرا ہے
یہی شاید مرے احساس کا دلکش سویرا ہے
گلوں کی چھاؤں میں شبنم نہیں تاروں کا ڈیرا ہے
سحر سو بار جا کر آ گئی کیا تُم نہ آؤ گے

علیم لذتِ عشق سے سرشار بھی ہونا چاہتا ہے اور غم والم سے دوچار بھی، لیکن میر کی طرح صرف رنج و غم کو سینے سے لگائے رہنا اور فانی کی طرح حسرت و یاس کا شکار ہو جانا اس کے مزاج کے منافی ہے۔ وہ ایک ایسا حساس دل شاعر ہے جو اپنے احساسِ شکست و الم نصیبی پر آنسو بہاتا ہے مگر ان آنسوؤں کو وہ نہ اپنا مقدر سمجھتا ہے اور نہ ہی اس تعلق سے ذرّہ برابر احساس اپنے دل میں لاتا ہے۔ وہ چوں کہ سادگی پسند اور سنجیدہ انسان ہے لہٰذا اُسے غالب کی طرح محبت میں رقیب کی گالیاں کھا کر بے مزہ ہونا پسند نہیں اس لیے وہ صاف دلی کے

ساتھ صبر کا دامن تھامے چپ چاپ رہ جانے میں اپنی عافیت سمجھتا ہے۔ چناں چہ کہتا ہے: ؎

تُم لاکھ بدل جاؤ مجھے رنج نہ ہوگا
دیکھوں کبھی آنکھوں میں سیلابِ تمنّا
کرتے ہو تو کرلو مرے سائے سے کنارا
میں کچھ نہ کہوں گا یونہی چُپ چاپ رہوں گا

ہر روز ہر اک شام ہنسو موج اُڑاؤ!
تُم غیر کی باہوں میں سدا جشن مناؤ
رُخسار کی، ہونٹوں کی لطافت کو لُٹاؤ
میں کچھ نہ کہوں گا یونہی چُپ چاپ رہوں گا

علیمؔ کی عالی ظرفی اور عفو و درگزر کرنے کی اس سے بڑھ کر اور کیا مثال ہو سکتی ہے کہ وہ ایک ایسے محبوب کو خوش رہو موج اُڑاؤ اور سدا جشن مناؤ کے دعائیہ کلمات سے نواز رہا ہے جس نے بار ہا اس کے ساتھ دل آزاری اور بے وفائی کی۔ بالفاظِ دیگر علیمؔ یہاں پر سچ مچ ان اشعار کا عملی نمونہ معلوم ہوتا ہے۔ ؎

- دل میں اُس شوخ کے جو راہ نہ کی
  ہم نے بھی جان دی پر آہ نہ کی

- کیا جب کہ تجھ سے محبت کا سودا
  ہو اگر زیاں بھی تو ہم سود سمجھے

- سو بار دیکھیں میں نے تری بے وفائیاں
  تس پر بھی نت غرور ہے دل میں نباہ کا

اپنے محبوب کو منانے، رجھانے اور اپنا بنانے کے لیے شعرا نہ جانے کیسے کیسے پیرایۂ بیان اختیار کئے ہیں۔ اُس کے سامنے اپنی عظمت و برتری جتانے، اُسے اپنی قدر و منزلت کا احساس دلانے، اُسے اپنے رقیبِ روسیاہ اور اغیار کے دامِ فریب سے نکالنے کے لیے کیا کیا جتن کئے گئے ہیں۔ اس

میدان میں علیم کا انداز بالکل نرالا ہے۔ اس کے اندازِ بیان سے کتنی دل کشی، رنگینی، روانی اور سادگی ٹپکتی ہے۔ اور یہ وصف اس کی تقریباً ہر نظم میں نمایاں ہے۔ اپنے محبوب سے مخاطبت کے دوران علیم کا یہ مخصوص انداز "اے جانِ صد بہار" نظم کے مندرجۂ ذیل بندوں سے واضح ہوتا ہے: ؎

اُمید جاں بلب ہے تمنا اُداس ہے
دل میرا آج کشتۂ اندوہ و یاس ہے
مجھ کو تو صرف تیری محبت کا پاس ہے

اے جانِ صد بہار تو میرے قریب آ

طوفاں ہے موجِ بادِ صبا بھی ترے بغیر
اک تیغِ بے نیام ہوا بھی ترے بغیر
دوزخ ہے اس چمن کی فضا بھی ترے بغیر

اے جانِ صد بہار تو میرے قریب آ

ایک اور نظم "یہ دنیا ہے" کا ایک بند ملاحظہ ہو: ؎

تُو ہے نازوں کی پلی، عیش کے سانچے میں ڈھلی
تُو ہے معصوم بہاروں کی دل آویز کلی!
تُو سمجھتی ہے غمِ زیست کو مصری کی ڈلی

غم یہی ہے غمِ ہستی سے تُو آگاہ نہیں

وارداتِ عشق کا بیان ہو یا مسئلۂ غمِ زیست، صبا نویدی ہمیشہ صداقت و سچائی کا دامن تھامے اپنا مدّعا پیش کرتا ہے۔ اُس نے نہ کبھی اپنے چہرے پر نقلی نقاب ڈالی اور نہ تصنّع و تکلّف اور دروغ گوئی سے کام لیا۔ وہ دوسروں کی طرح اپنے محبوب کو فریب دے کر عارضی لذّتوں سے حظ اندوز ہونے کا قائل نہیں۔ علیم کو فریب دینا نہیں آتا۔ بلکہ فریب کھانا خوب آتا ہے۔ ماضی کے لمحات کی یادیں اُس پر اثر انداز ہوتی ضرور ہیں مگر اُن یادوں کو وہ حاصلِ زیست نہیں سمجھتا۔ چناں چہ وہ اپنے محبوب سے ماضی کے اُن افسانوں سے متعلق

تلقین و تسلّی کے انداز میں اس طرح گویا ہوتا ہے : ؎

ماضی کے ان افسانوں میں تم ہی سوچو کیا رکھّا ہے
جس میں دل کا درد چھپا تھا اب وہ ساز ہی ٹوٹ گیا ہے
اُجڑی اُجڑی ہر وادی ہے ہر منظر سونا سونا ہے
آج کہاں وہ پچھلی باتیں بھول بھی جاؤ جانے بھی دو !

اُٹھتے تھے جب کالے بادل آنچل کیسا لہراتا تھا
چلتی تھی جب سرد ہوائیں اک نشہ چھا جاتا تھا
اور تمہاری انگڑائی کا عالم کتنا تڑپاتا تھا
وہ انگڑائی، وہ برساتیں، بھول بھی جاؤ، جانے بھی دو

علیم کے پاس ضبطِ غم کا سلیقہ ہے ۔ لیکن اس کو میر کی طرح محرومیوں اور ناکامیوں سے کام لینا نہیں آتا ۔ میر کا حوصلہ اور سلیقہ دیکھیے : ؎

مرے سلیقے سے میری نبھی محبت میں
تمام عمر میں ناکامیوں سے کام لیا

علیم بھی میر کی طرح منزلِ عشق میں ناکامیوں سے دوچار ہوا ہے ۔ لیکن وہ اپنے وارداتِ قلب اور جذبات کے برملا اظہار سے اپنے من کا بوجھ ہلکا کر لینا چاہتا ہے ۔ حسرت و یاس کے اس بیان کی شدت میں اُس کا حسّاس دل آنسو بہانے پر مجبور ہو جاتا ہے ۔ ضبطِ غم لاکھ سہی آنسو تو نکل ہی جاتے ہیں اس سلسلہ میں " زخموں کی چیخ " کے دو بند بطورِ نمونہ ملاحظہ ہوں : ؎

پیا من کی شام سُہانی
آشاؤں کی ہنس مکھ رانی
وہ قصّے، وہ امر کہانی
یاد آئے تو رو دیتا ہوں

وہ شانوں سے گرتا آنچل
نینوں کو چمکاتا کاجل
وہ صدیوں پر بھاری پل پل
یاد آئے تو رو دیتا ہوں

علیم کی ٹیپ بند نظموں میں نہ کوئی فلسفیانہ پہلو ملتا ہے اور نہ حکیمانہ نکات کی ترجمانی البتہ داخلی کیفیات کا ایک تلاطم، دریا کے منجدھار کی طرح کم و بیش اس کی تمام نظموں میں ابھرتا ڈوبتا نظر آتا ہے۔ اگر بنظرِ غائر دیکھا جائے تو یہ تلاطم شاعر کی محض لفظی بازیگری نہیں بلکہ اس کی اپنی ذاتی واردات کا نتیجہ ہے۔ جس سے وہ ایّامِ شباب میں دوچار بھی ہوا اور مجروح بھی۔

صبا نویدی حسن و عشق کے معاملات میں داغ کی طرح شاہد باز اور تلون مزاج عاشق نہیں جو ہر حسینہ پر اپنا دل نچھاور کردے اور جسے جنّت میں بھی ہند کی پری کا خیال بے چین بنا دے : ؂

بہت جلائے گا حوروں کو داغ جنّت میں
بغل میں اس کے وہاں ہند کی پری ہو گی

لیکن علیم کی شرافتِ نفس اور وفا شعاری صرف ایک ہی محبوبہ سے راہ ورسم پر اکتفا کر لیتی ہے۔ اُسے محبت میں محبوبہ کی بے وفائی اور ہجر کی تلخیاں نصیب ہوئیں۔ پیار کی جھوٹی رسمیں اور محبوبہ کی جھوٹی قسمیں ہر لمحہ علیم کی نس نس کو جھنجھوڑ دیتی ہیں۔ ان تلخیوں سمیت وہ خود ہی آخر کار اپنی محبوبہ کی منزل سے کہیں دُور چلا جانا چاہتا ہے : ؂

مجھ کو منظور نہیں پیار کی جھوٹی رسمیں
صرف دھوکے ہیں ترے قول یہ تیری قسمیں
زہر کی موج ہے ہر لمحہ میری نس نس میں
تری منزل سے بہت دُور چلا جاتا ہوں

علیم نبّاض نہیں لیکن اپنی محبوبہ کی نفسیات سے خوب واقف ہے۔ اُسے اپنی محبوبہ کے بے وفائیوں اور دل آزاریوں کا شدید احساس بھی ہے ۔ اس کا فطری جذبۂ عفو و کرم

اپنے محبوب کی ہر خطا و لغزش کو درگزر کر دیتا ہے۔ اس لیے علیم اپنے محبوب کے ساتھ احتجاجی نہیں بلکہ ملائم رویّہ اختیار کرتا ہے۔ اُس کی اس جبلّی عجز و انکساری، سادگی ہی کا اثر ہے کہ اُس کی منظومات میں ہجر و فراق کے سائے زیادہ گہرے نظر نہیں آتے۔

علیم نے وارداتِ عشق کے اظہار کے لیے جو طرز و اُسلوب اختیار کیا ہے اُسے "لمسِ اوّل" کی ابتدائی کڑی سے تعبیر کیا جا سکتا ہے۔ "لمسِ اوّل" کی نظموں میں فکری دھارے فن کی اعلیٰ قدروں سے ہم آہنگ ہو کر آفاقی ہو گئے ہیں۔ "خوشبو کے داغ" اور "لمسِ اوّل" کے درمیان تقریباً 25 سال کا فاصلہ ہے ظاہر ہے 25 سال کی اس طویل مدّت میں علیم نے مختلف شعری ہیئتوں میں اظہار بیان کے اتنے تجربے کیے کہ اس کی فکر و فن میں اعتدال و توازن آگیا۔ "لمسِ اوّل" میں علیم کی فنّی دسترس اور زبان پر قدرت کے اعتراف میں قدآور ناقدانِ ادب اور اہلِ قلم نے اس طرح خامہ فرسائی کی ہے۔

شمس الرحمٰن فاروقی لکھتے ہیں:

"علیم صبا نویدی جنوبی ہند کے ممتاز اردو شاعر ہیں ان کی پابند نظموں کا مجموعہ "لمسِ اوّل" اُن کی مشاقی اور زبان پر قدرت کی روشن دلیل ہے۔" [1]

بقولِ ڈاکٹر وحید اختر:

"علیم صبا نویدی نے ایک فراموش شدہ کلاسیکی ہیئت کو نئے معانی کے ساتھ زندہ کرنے کی سعیٔ مشکور کی ہے۔" [2]

اور گیان چند جین رقم طراز ہیں:

"علیم نے پُرانے شیشے میں نئی شراب پیش کی ہے جو پرانے اور نئے لوگوں کو پسند آئے گی۔ اُن کا مواد نیا اور ہیئت پُرانی ہے۔" [3]

علیم کی نظموں کا ایک دوسرا اہم پہلو، نغمگی اور موسیقیت ہے جس سے نظموں کی دلپذیری

---

[1] تاثرات "لمسِ اوّل" مطبوعہ سنہ ۱۹۷۷ء

[2] "لمسِ اوّل"؛ ص 5؛ مطبوعہ ۱۹۷۷ء　[3] "لمسِ اوّل: ص ۷؛ مطبوعہ سنہ ۱۹۷۷ء

اور مقبولیت کے ساتھ زبان زدِ خلائق ہونے کا امکان بھی روشن ہو جاتا ہے۔ موسیقیت اور ترنم کا براہ راست تعلق نظموں میں استعمال ہونے والی بحر اور خوش آہنگ لفظوں کی تکرار کے علاوہ قافیہ اور ردیف کی جھنکار سے بھی ہوتا ہے
ڈاکٹر وحید اختر:

"قافیہ و ردیف کی جھنکار سے نہ صرف موسیقیت پیدا ہوتی ہے بلکہ نظم کی داخلی وحدت کو ہیئت کی خارجی وحدت بھی حاصل ہوتی ہے۔" [1]

غرض نظم میں جتنی رواں بحر اور قافیہ و ردیف کی جھنکار ہوگی اتنی ہی نغمگی اور موسیقیت کی لہر بھی زیادہ ہوگی۔ علیم نے اپنی بحروں اور زمینوں کے انتخاب میں ذاتی پسند کے ساتھ قارئین کے ذوق کو بھی ملحوظ رکھا ہے۔ کیوں کہ تخلیق قارئین کی پسند سے مقبولیت اور ناپسند سے ناکام و نامقبول ہو جاتی ہے۔ علیم کی نظموں کا اندازِ بیان منفرد ہے۔ اس کے افکار فرسودہ اور روایتی ضرور ہیں لیکن فن کی تازگی سے ہم آہنگ ہو کر نظموں کو پُر تاثیر اور جان دار بنا دیتے ہیں۔ اس کی نظموں میں زمانے کی کروٹوں کا احساس کم اور ایک دُکھے ہوئے دِل کی شدید دھڑکن زیادہ سنائی دیتی ہے۔ علیم نے اپنے قلبی واردات کے اظہار کے لیے صاف، شستہ زبان اور دل کش پیرایۂ بیان اختیار کیا ہے۔ اس کے بیان میں کہیں ٹھہراؤ، سپاٹ پن یا الجھاؤ نظر نہیں آتا۔ صاف اور سلجھے ہوئے شگفتہ الفاظ اور بندش کی نئی صورتیں علیم کی نظموں کی تاثیر بڑھا دیتی ہیں۔

لبِ صبحِ بہاراں، نادیدہ سایہ، حرفِ آرزو، چمن زارِ تمنا، ابرِ خونچکاں، کشتۂ اندوہ حرماں، جانِ بہشتِ آرزو، خلوت خانۂ دل، سُلگتے ہوئے ارمان، رہرو بے تاب، سوئے سوادِ ساحل، ذرّہ بے مایہ، جانِ صد بہار، تیغ بے نیام، موجِ بادِ صبا، چرخِ کج رو جیسی ترکیبوں کو نئی معنویت عطا کر کے علیم نے اپنی فنی دسترس کا ثبوت دیا ہے۔

اس کی منظومات میں حیرت انگیز اور چونکا دینے والے موضوعات نہ ملیں نہ سہی مگر اس نے تلخی و تُرشی، شعلہ نوائی اور آتش بیانی کا آہنگ بھی تو اپنایا نہیں۔ وہ اپنی نظموں میں کہیں

---

[1] "لمسِ اوّل": ص 6 : ڈاکٹر وحید اختر : مطبوعہ 1977ء

بے اعتدالی، بدمزاجی اور رکاکت کا لطیف احساس بھی پیدا ہونے نہیں دیتا۔ اس کی نظموں میں حسرت و یاس، بے کلی و تشنگی اور جذبۂ عشق کی جو لہریں رواں نظر آتی ہیں اُن کے زیرِ اثر اس کے لب و لہجے میں انتہائی سوز و گداز اور تاثیر پیدا ہو گئی ہے۔ عشق کی معاملہ بندی میں ثبات اور استقلالِ علم کا نشانِ امتیاز ہے جس میں سادگی و پُرکاری، صفائی و نفاست، سچائی اور خلوص کے عناصر بغیر کسی تصنع اور بناوٹ کے نمایاں ہو جاتے ہیں۔

علیم صبا نویدی کی رومانی نظموں کا انتخاب "خوشبو کے داغ" ٹمل ناڈو اردو پبلیکیشنز مدراس[2] کے چیرمین، پروفیسر فضل جاویدؔ کی فرمائش اور اصرار پر شائع ہو رہا ہے۔ جن اہلِ ذوق کے ہاتھوں میں یہ مجموعہ ہوگا وہ خود علیمؔ کی منظومات کی عظمت و اہمیت متعین کرتے ہوئے ان میں موجود محاسن و معائب کی صحیح نشان دہی کریں گے۔ مجھے یقین ہے کہ ادبی حلقوں میں علیم صبا نویدی کے اس مجموعے کو تحسین کی نگاہ سے دیکھا جائے گا۔ اور اس کی فکر و فن کی مہک، بوئے گُل کی طرح ہر طرف پھیل کر علم و فن کے قدردانوں اور شعر و سخن کے پرستاروں کے مشامِ جاں کو معطر کرتی رہے گی۔

---

[2] ٹمل ناڈو کے مشہور و معروف افسانہ نگار اور تاریخ کے پروفیسر ہیں۔

نعت

○

مقام "لا" سے نِکلا صبح کو جب نُور کا پیکر
ہُوا' پھر جوہر آئینہ، ہر نکھرتا ہوا جوہر
اُجالوں کی روپہلی چھاؤں میں تھا زیست کا منظر
محبت نے بھی لی انگڑائی جلوؤں کا کھلا دفتر
سمجھ میں آئی پھر ذہنِ رسا کو غایتِ ہستی!
نہ ظرفِ ہوش پھر بانٹی گئی توحید کی مستی
اُفق کے نُور کو چھونے لگی ویران سی بستی
پہاڑوں نے سروں سے پھینک دی تقی دھند کی چادر

مہکتے پھول بھی تھے جگمگاتے چاند تارے بھی
سُلگتی ریت کے تودے، سمندر بھی کنارے بھی
پرستارانِ باطل بھی، کہیں افسوں کے مارے بھی
ظہورِ قدس کے آگے جُھکایا سب نے اپنا سر

الوہی ساز پر چھیڑے گئے نغمے محبّت کے
اُبلنے لگ گئے ہر گام پر چشمے مسرّت کے
کہ تا حدِّ نظر چھائے ہوئے بادل تھے رحمت کے
سراپا جنتِ نظّارہ تھا فاراں کا منظر

زمیں کی خاک نے اٹھ کر چُھوا عرشِ معلیٰ کو
حیاتِ گُل فشاں بخشی گئی ہر ایک صحرا کو
کیا حیران جس جلوے نے ذوقِ چشمِ موسیٰ کو
حرا کے غار سے نکلا وہی خورشیدِ ضُوگُستر

صبحِ تخلیق

○

خزاں کے پاؤں میں زنجیر ڈال دی تم نے
قدم قدم پہ اگائی ہے تازگی تم نے
کہاں کہاں نہ بچھائی ہے روشنی تم نے
مٹائی دہر سے تفریقِ باہمی تُم نے

تُم آئے، پُھول نے خوشبو کی لَو بڑھائی ہے
یہ کائنات فقط تُم سے مُسکرائی ہے
تمہاری جنبشِ لب میں گرہ کشائی ہے
دل و دماغ کو بخشی ہے آگہی تُم نے

بکھر گیا تھا کہیں رنگ ہائے زُلفِ حیات
کہ ڈس رہی تھی حسین صبح کو اندھیری رات
جلوس نالۂ غم تھا تو آنسوؤں کی برات
کہ ایسے دَور میں بخشی ہے سرخوشی تم نے

جو لوگ حلقۂ آغوشِ درد و غم میں پلے
سُلگتی دُھوپ میں پلکوں کی چھاؤں چھاؤں چلے
چراغ کتنے فروزاں ہوئے تھے شام ڈھلے
صلہ میں کچھ بھی تو مانگا نہیں کبھی تم نے

لہُو لہان بدن ہو رہا تھا پتّھر سے
نہیں تھا کم کبھی طائف کا ظلم محشر سے
مگر زبانِ مُبارک سے پھُول ہی برسے
دیا ہے شاہ کو بھی درسِ خواجگی تم نے

ساحل مدراس

○

جہاں رنگوں کے سانچے میں جواں اجسام ڈھلتے ہیں
جہاں پلکوں کے سائے میں دلوں کے دیپ جلتے ہیں
جہاں تقدیر کے دھارے نئی کروٹ بدلتے ہیں
نظر میں اب بھی ہے وہ ساحلِ مدراس کا منظر

جہاں سورج ڈھلے ہر گام پر صہبا پرستی ہے
جہاں پیاسی تمنّا اس کہانی کو ترستی ہے
جو رگ رگ میں اُتر جاتی ہے اور روحوں کو ڈستی ہے
نظر میں اب بھی ہے وہ ساحلِ مدراس کا منظر

جہاں راتوں کے سنّاٹے میں نغمے سانس لیتے ہیں
جہاں طوفاں کے رُخ پر کشتیٔ اُمید کھیتے ہیں
لرزتے کانپتے سائے جہاں آواز دیتے ہیں!
نظر میں اب بھی ہے وہ ساحلِ مدراس کا منظر

جہاں ہر گام نُورانی اندھیرا مُسکراتا ہے
جہاں کا دل نشین ماحول تاروں کو اُگاتا ہے
جہاں لہروں کی دُھن میں چاند اپنا گیت گاتا ہے
نظر میں اب بھی ہے وہ ساحلِ مدراس کا منظر

پگھل جاتا ہے سورج بھی جہاں نیلے سمندر میں
سمٹ جاتی ہے فردوسِ بریں ذرّوں کے پیکر میں
تغیّر آج تک پایا نہیں موجوں کے تیور میں
نظر میں اب بھی ہے وہ ساحلِ مدراس کا منظر

جہاں ہر شام مانجھی صبح کی سوغات لاتا ہے
دھوئیں کے بادلوں میں کوئی چہرہ مُسکراتا ہے
مجسّم ساز ہو کر ذرّہ ذرّہ گیت گاتا ہے
نظر میں اب بھی ہے وہ ساحلِ مدراس کا منظر

گمنام

○

اچانک جو ذہنی تھکن لے گیا
خیالوں کی میلی کرن لے گیا
بھلا تھا بُرائی کا فن لے گیا
وہ اک شخص جس کا نہیں کوئی نام
ازل اور ابد کی جو زنجیر تھا
دو عالم کی جان اور تقدیر تھا
جو دل سے پرے رہ کے دلگیر تھا
وہ اک شخص جس کا نہیں کوئی نام

جو سچ مچ تھا سچائیوں کا نقیب
تقدّس کی گہرائیوں کا نقیب
زمانے کی اچھائیوں کا نقیب
وہ اک شخص جس کا نہیں کوئی نام

اُجالوں کی حد سے گیا تھا پرے
ہر اک نیک و بد سے گیا تھا پرے
کہ بغض و حسد سے گیا تھا پرے
وہ اک شخص جس کا نہیں کوئی نام

سپاہی

○

اک جہاں آج تیرا پرستار ہے
دستِ قدرت کا تو ایک شہکار ہے
میں ہوں اک ذرّہ تو مہرِ ضوبار ہے
بھول جا ہم نفس تُو مجھے بھول جا

دردِ دل، اشکِ غم لے کے میں کیا کروں
داغِ جور و ستم لے کے میں کیا کروں
زلف کے پیچ و خم لے کے میں کیا کروں
بھول جا ہم نفس تُو مجھے بھول جا

زندگی ہے نئی راہ پر گام زن!
آج بدلا ہے رسم و وفا کا چلن
پیار کی لاش ہے ہر طرف بے کفن
بھول جا ہم نفس تُو مجھے بھول جا

دل تو ہے دل میں نقشِ محبت کہاں
وہ خلوص و وفا۔ وہ مروّت کہاں
یاد آؤں تجھے اتنی فرصت کہاں
بھول جا ہم نفس تُو مجھے بھول جا

دیکھ مرے تعاقب میں ہے آسماں!
آستیں میں چھپائے کئی بجلیاں
دوشِ ہستی پہ ہوں اک بارِ گراں
بھول جا ہم نفس تُو مجھے بھول جا

نیلگوں آسماں کے تلے اور ہیں
ایک میں کیا یہاں دل جلے اور ہیں
تیرے غم کے سوا مرحلے اور ہیں
بھول جا ہم نفس تُو مجھے بھول جا

احساسِ تنہائی

○

یہ حسیں رات، یہ تنہائی کے لمحے توبہ
یہ تری یاد، یہ ڈستے ہوئے سائے توبہ
اور اس پر یہ اُبھرتے ہوئے جلوے توبہ
کاش تجھ کو مری تنہائی کا ہوتا احساس

کتنا تاریک ہے ماحول ہر اک سمت ابھی
قہر و ظلمات کی برسات ہے بستی بستی
رات تپتی ہے، سلگتے ہوئے ارماں ہیں کئی
کاش تجھ کو مری تنہائی کا ہوتا احساس

چار سو درد کی خوشبو ہے مہکتی ہے فضا
خواب سنولا گئے، زخموں سے سسکتی ہے فضا
شدتِ کرب کی باہوں میں بلکتی ہے فضا
کاش تجھ کو مری تنہائی کا ہوتا احساس

تُو ہے مغرور تجھے درد کا احساس نہیں
میرے جذبات، مرے پیار کا بھی پاس نہیں
ترے سینے میں تو پتھر ہے کوئی آس نہیں
کاش تجھ کو مری تنہائی کا ہوتا احساس

بن بلائے میں سوئے جشنِ طرب کیوں آتا؟
یہ بھی اس طرح کہ فریاد بلب کیوں آتا؟
لے کے سوغاتِ غم و رنج و تعب کیوں آتا؟
کاش تجھ کو مری تنہائی کا ہوتا احساس

شدتِ درد سے بے موت ہی مرنا ٹھہرا
سیج کانٹوں کی بچھی ہے تو گزرنا ٹھہرا
شب کے سناٹے میں یوں نالہ ہی کرنا پڑا
کاش تجھ کو مری تنہائی کا ہوتا احساس

یادوں کے زخم

○

اے مری جانِ وفا، جانِ بہارانِ چمن
مری تخئیل کی پرواز، مری روحِ سخن
مری صبحوں کا اُجالا، مری راتوں کی پھبن
یاد آتی ہے تری اوڑھ کے اُجلا سا کفن

آج بیتے ہوئے لمحات کا دامن تھامے
بھکے بھکے سے خیالات کا دامن تھامے
اور مبہم سے سوالات کا دامن تھامے
یاد آتی ہے تری اوڑھ کے اُجلا سا کفن

جب بھی حالات کی آغوش میں بپھرے طوفاں
جب بھی جذبات سلگ جاتے ہیں، اُٹھتا ہے دھواں
جب بھی ماحول پہ چھا جاتا ہے تاریک سماں
یاد آتی ہے تری اوڑھ کے اُجلا سا کفن

جب شفق زار کے ماتھے پہ نکھرتی ہے چمک
چار سُو نُور برستا ہے اُبھرتی ہے چمک
جب کہ تاریک فضاؤں سے گزرتی ہے چمک
یاد آتی ہے تری اوڑھ کے اُجلا سا کفن

جب بھی احساسِ جدائی نے قضا مانگی تھی
درد مانگا نہ مرے دِل نے دوا مانگی تھی
ویسے افکار نے جینے کی دُعا مانگی تھی
یاد آتی ہے تری اوڑھ کے اُجلا سا کفن

جب بھی پلکوں میں چھپائے ہوئے غم رہتا ہوں
تُند حالات کے ہر جور و ستم سہتا ہوں
لاکھ پوچھے کوئی میں کچھ بھی نہیں کہتا ہوں
یاد آتی ہے تری اوڑھ کے اُجلا سا کفن

یہ دُنیا ہے!

○

بھول جا مری ملاقات کے بیتے ہوئے دن
وہ حسیں رات وہ برسات کے بیتے ہوئے دن
وہ مہکتے ہوئے لمحات کے بیتے ہوئے دن

اے مری جانِ وفا، اے مری فردوسِ بریں
مری قسمت میں کہاں تیری محبت کا فسوں
تری قربت کی لطافت تری باہوں کا سکوں
مری قسمت میں یہی ہے کہ میں چپ چاپ رہوں

اے مری مہرِ درخشاں، اے مری روحِ حسیں
یہ ترے پھول سے رخسار، یہ آنکھوں کا نشہ
یہ ترے جسم کی خوشبو، تیری زلفوں کا نشہ
یہ ترے قرب کی لذت، تری باہوں کا نشہ

کسی زردار کا سرمایہ ہے میرا تو نہیں

تری راہوں میں بہاریں ہیں تبسم کے کنول
ہر طرف حُسن ہے، ہر سمت حسیں تاج محل
میری جانب تو کفن باندھ کے آتی ہے اجل
مری منزل ہے کہیں اور تری منزل ہے کہیں

تُو ہے نازوں کی پلی، عیش کے سانچے میں ڈھلی
تُو ہے معصوم بہاروں کی دل آویز کلی!
تُو سمجھتی ہے غمِ زیست کو مصری کی ڈلی!
غم یہی ہے غمِ ہستی سے تو آگاہ نہیں

ایک دِن تو بھی کبھی شمع شبستاں ہوگی
کبھی تڑپے گی، کبھی غم سے پریشاں ہوگی
اور ہستی کی کشاکش سے ہراساں ہوگی
سُن یہ دُنیا ہے، یہ دنیا کوئی فردوس نہیں

تیرا دیوانہ

○

تری یادوں کی مہکتی ہوی تنہائی میں
شبِ فرقت کی سسکتی ہوی تنہائی میں
دل کے داغوں کی دمکتی ہوی تنہائی میں
تیرا دیوانہ ترے پیار کو کب تک ترسے

عمر بیتے گی یونہی کیا تری باہوں کے بغیر
مسکراتی ہوی مخمور نگاہوں کے بغیر
منزلِ شوق کہاں حُسن کی راہوں کے بغیر
تیرا دیوانہ ترے پیار کو کب تک ترسے

شمع نے رکھ لیا پروانۂ جاں سوز کا دل
مل گئی رہروِ بے تاب کو اپنی منزل
تشنہ لب آ ہی گیا سوئے سوادِ ساحل
تیرا دیوانہ ترے پیار کو کب تک ترسے

کتنی بار آکے یونہی لوٹ گیا ہے موسم
دل تڑپتا ہی رہا درد سے بادیدۂ نم
وہی اندوہ، وہی کرب، وہی جور و ستم
تیرا دیوانہ ترے پیار کو کب تک ترسے

ترے سینے بھی دل ہے کوئی پتھر تو نہیں
شب کی تنہائی میں سوچ ذرا زہرہ جبیں
تو نے یہ حزن کا انداز تو دیکھا ہی نہیں
تیرا دیوانہ ترے پیار کو کب تک ترسے

یاد کر پہلی ملاقات کی وہ شامِ حسیں !
ورنہ پھر صاف یہ کہہ دے کہ مجھے یاد نہیں
میں ہوں اک ذرّۂ بے مایہ، تو رشکِ پرویں
تیرا دیوانہ ترے پیار کو کب تک ترسے

جب تم نہیں ہوتے

○

لبِ صبحِ بہاراں پہ تبسم کی کرن ناچے
مہکتے پھول رنگوں میں نہائیں، او رکلی چٹکے
نوائے عیش سے ساری فضائے رنگ و بو گونجے

یہ ہر منظر ادھورا خواب ہے، جب تم نہیں ہوتے

تمہارے مختلف جلوے، تمہاری مختلف باتیں
نگاہوں میں کبھی بجلی، کبھی زلفوں میں برساتیں
تمہاری یاد کے سائے میں ڈھلتی ہیں سب راتیں

کہ ورنہ داغِ دل مہتاب ہے، جب تم نہیں ہوتے

تمہارے دل کی دھڑکن گیت کے سانچوں میں ڈھلتی ہے
تمہاری کروٹوں سے زندگی کروٹ بدلتی ہے
جہاں جاتے ہو تم خود وقت کی رو ساتھ چلتی ہے

کہ منزل کا تصور خواب ہے، جب تم نہیں ہوتے

کہیں تم لیلیٰ محمل نشیں کی اک کہانی ہو
کہیں عذرا، کہیں سلمیٰ، کہیں جھانسی کی رانی ہو
اگر بھڑکے تو اک شعلہ ہو، تھم جائے تو پانی ہو
کہ روحِ عصر خود بیتاب ہے جب تم نہیں ہوتے

تمہارے بازوؤں نے کتنی قوموں کو سنبھالا ہے
تمہیں نے سینکڑوں کو قعرِ ذلت سے نکالا ہے
فروغِ مہر سے آگے تمہارا ہی اُجالا ہے
تجلّی ہر طرف نایاب ہے جب تم نہیں ہوتے

اگر ذرّے کو تم چھو جاؤ اک انمول ہیرا ہے
کہ تم سے بٹ کے حرفِ آرزو اک حرفِ بیجا ہے
تمہیں سے رونقِ ہستی، تمہیں سے رنگِ دنیا ہے
ترقی اک ادھورا باب ہے جب تم نہیں ہوتے

آخری لمحہ

○

جانِ من، جانِ وفا، جانِ تمنائے حزیں
تجھ سا اس دَور میں پابندِ وفا کوئی نہیں
جانے کیوں ہوتا ہے ہر بات پہ یہ مجھ کو یقیں
تجھ سے جب ترکِ تعلق کا خیال آتا ہے
شب کے ماتھے پہ جیسے چاند پگھل جاتا ہے
آگ میں اپنی شفق زار بھی جل جاتا ہے
اک نئے رُوپ میں ماحول بھی ڈھل جاتا ہے
تجھ سے جب ترکِ تعلق کا خیال آتا ہے

شب کی تنہائی میں جس سمت نظر جاتی ہے
تری تصویر نگاہوں میں اُبھر جاتی ہے
یاد تیری نس نس میں اُتر جاتی ہے
تجھ سے جب ترکِ تعلق کا خیال آتا ہے

چند ان جانے سے سایوں کی کسک ڈستی ہے
تیرے خوابوں تری باتوں کی مہک ڈستی ہے
اور تری مدھ بھری آنکھوں کی چمک ڈستی ہے
تجھ سے جب ترکِ تعلق کا خیال آتا ہے!

وادیٔ ذہن کو شعلوں میں جھلستے دیکھا
فکر و احساس کو گوناگ سے ڈستے دیکھا
مرے آنگن میں مگر پیار کو ہنستے دیکھا
تجھ سے جب ترکِ تعلق کا خیال آتا ہے

شب برات میں

○

تری آنکھوں سے برستی ہوئی مستی کی قسم
تری پُر کیف جوانی، تری ہستی کی قسم
میری ناکام تمناؤں کی بستی کی قسم
آج کی رات تری یاد بہت آئی ہے

آج سے پہلے بھی آئی تھی کوئی رات مگر
آج کا اُس میں نہ انداز نہ ایسے تیور
آج ہر لمحۂ گزراں ہے سراپا محشر
آج کی رات تری یاد بہت آئی ہے

آج اس رات کی برسات میں ڈھیرے ڈھیرے
اور تنہائی کے لمحات میں ڈھیرے ڈھیرے
بہکے بہکے سے خیالات میں ڈھیرے ڈھیرے
آج کی رات تری یاد بہت آئی ہے

میری خلوت میں دبے پاؤں مگر مست خرام
یوں چلی آئی ہے جیسے کوئی وعدہ نہ پیام
نامۂ مہر و وفا ہے نہ محبت کا سلام
آج کی رات تری یاد بہت آئی ہے

اس حسیں تاج کے ماحول میں تنہا تنہا
دستِ گلنار میں تھامے ہوئے خوابوں کی ردا
جھینپتی، رکتی، جھجکتی، کبھی ڈرتی تجھ سا
آج کی رات تری یاد بہت آئی ہے

اس حسیں تاج کی عظمت کی لطافت کی قسم
اک شہنشاہ کی بے لوث محبت کی قسم
اُس کی چاہت کی قسم، اس کی مسرت کی قسم
آج کی رات تری یاد بہت آئی ہے

کچھ یاد نہیں ہے

○

اے روکشِ گلہائے چمن، حسن کے پیکر
مانا ترے جلووں سے ہے ہر چیز منوّر
کس شہر میں، کس موڑ پہ، کس رہ گزر پر
کب تجھ سے ملا اور کہاں یاد نہیں ہے

وہ شامِ خزاں تھی کہ حسیں صبحِ بہاراں
وہ وادیٔ پرکیف تھی یا شہرِ نگاراں
لمحاتِ مسرت تھے کہ ہنگامۂ طوفاں!
گزرا ہوا اب کوئی سماں یاد نہیں ہے

تسلیم کہ چھیڑا تھا کبھی سازِ تمنّا
برہم زنِ تسکین تھی آوازِ تمنّا
ہر گام پہ تھا ذوقِ تگ و تازِ تمنّا
اب کچھ بھی مجھے جانِ جہاں یاد نہیں ہے

جب نقرئی آنچل پہ چمکتے تھے ستارے
جب چاند کی باہوں میں سمٹتے تھے نظارے
ہر سمت تھے سرگرم سفر کیف کے دھارے
وہ شام، وہ ہنگام جواں یاد نہیں ہے

اب پیشِ نظر ہے غم ایام کا منظر
ہر سانس قیامت ہے تو ہر گام پہ محشر
اک درد کی تصویر ہے، اک یاس کا پیکر
اس وقت کوئی نقشِ بتاں یاد نہیں ہے

معلوم نہیں کونسی منزل پہ کھڑا ہوں
معلوم نہیں کس کی طرف دیکھ رہا ہوں
معلوم نہیں یہ بھی کہ میں کون ہوں کیا ہوں
ہے صبحِ بہاراں کہ خزاں یاد نہیں ہے

التجا نامہ

○

جس سے گھبراتی ہو وہ رُت ہی بدل جائے گی
غم کی ڈستی ہوی یہ رات بھی ٹل جائے گی
پھانس جو دل میں کھٹکتی ہے نکل جائے گی
چندروز اور مری جان مرے پاس رہو

زلفِ شب رنگ کو کچھ اور سنورنا ہے ابھی
وقت کے عارضِ زیبا کو نکھرنا ہے ابھی
چاند کو شوق کے آنگن میں اُترنا ہے ابھی
چندروز اور مری جان مرے پاس رہو

ابھی شرمندۂ تعبیر ہے خوابِ ہستی
ابھی ٹپکی نہیں آنکھوں سے دلوں کی مستی
ابھی پُر ہول سا ماحول ہے بستی بستی
چندروز اور مری جان مرے پاس رہو

ابھی سیکھا نہیں قطرے نے سمندر ہونا
ابھی باقی ہے شگوفے کو گلِ تر ہونا
اور اک ذرّۂ ناچیز کو گوھر ہونا

چند روز اور مری جان مرے پاس رہو

ابھی زنداں کی سیہ رات ہے زنجیریں ہیں
ابھی ہر گام پہ بگڑی ہوی تصویریں ہیں
اور ابھی جرمِ وفا ہے، ابھی تعزیریں ہیں

چند روز اور مری جان مرے پاس رہو

گردِ آلام سرِ راہ گزر باقی ہے !
دِل میں دشوارئ حالات کا ڈر باقی ہے
ابھی منزل ہے بہت دُور سفر باقی ہے

چند روز اور مری جان مرے پاس رہو

تم کیوں یاد آتے ہو

○

ستم ڈھایا ہے تم نے روٹھ کر رنگیں نظاروں پر
سفینہ ہے دل صد چاک کا اشکوں کے دھاروں پر
کہ اتنا جور بھی اچھا نہیں ہے غم کے ماروں پر
خلش زخموں کی بڑھ جاتی ہے تم کیوں یاد آتے ہو

ہوا کے نرم جھونکے بوئے گل لاتے ہیں گلشن سے
ٹپک جاتی ہے خوش بو بادلوں کے نرم دامن سے
لبھاتا ہے دلوں کو چاند اپنے حسنِ پُرفن سے
فضا آہستہ کچھ گاتی ہے تم کیوں یاد آتے ہو

بھلا رکھا ہے تم نے عہدِ ناموسِ محبت کو
ترستی ہے نگاہِ شوق پیغامِ مسرت کو
کوئی یوں کس طرح کاٹے شبِ اندوہ فرقت کو
تمہاری یاد کیوں آتی ہے تم کیوں یاد آتے ہو

دلِ مضطر کو ڈس جاتی ہیں جب برسات کی راتیں
بجھے شعلوں کو بھڑکاتی ہیں جب برسات کی راتیں
تھرکتی، جھومتی آتی ہیں جب برسات کی راتیں
فضا کی آنکھ بھر آتی ہے تم کیوں یاد آتے ہو

اگر ترکِ تعلق ہی تمہارے دل کا منشا ہے
اگر اس زاویے سے تم نے تنہائی میں سوچا ہے
بہت اچھا ارادہ ہے، بڑا ہی نیک سودا ہے
یہ کیوں اُمید تڑپاتی ہے تم کیوں یاد آتے ہو

میں جس حالت میں رہتا ہوں اسی حالت میں رہنے دو
لہو ہو کر اگر آنکھوں سے دل بہتا ہے بہنے دو
مگر تم سے بصد اخلاص اتنی بات کہنے دو
طبیعت میری گھبراتی ہے تم کیوں یاد آتے ہو

ایک بے وفا سے

○

سپنوں میں تو آباد ہے تجھ کو بھلاؤں کس طرح
دل میں لگی جو آگ ہے اس کو بجھاؤں کس طرح
بیتے ہوئے لمحات سے دامن بچاؤں کس طرح
تو ہی بتا اے جانِ من، اے جانِ من جانانِ من

تاروں بھری راتوں کو یوں چپ چاپ کیسے کاٹ دوں
برسے گی جب کالی گھٹا کیا میں فقط آہیں بھروں
جینا مقدر ہی سہی افسوس تجھ بن کیا جیوں
تو ہی بتا اے جانِ من، اے جانِ من، جانانِ من

جب چاندنی کے فرش پر ناچے گی ساری کائنات
جب دل نشیں آواز میں چھیڑے کوئی سازِ حیات
کس سے کہوں، کیسے کہوں میں اپنے دل کی واردات
تو ہی بتا اے جانِ من، اے جانِ من، جانانِ من

خلوت میں مثلِ بوئے گُل آئے گا جب تیرا خیال
چھا جائے گا ہر چیز پر دل کش بہاروں کا جمال
بہہ جائے گا کتنا لہو، بڑھ جائے گا کتنا ملال
تو ہی بتا اے جانِ من اے جانِ من جانانِ من
چٹکیں گے جب گُل ہائے تر، گائیں گے مرغانِ چمن!
مہکے گی جب ساری فضا چھا جائے گا اک بانکپن
تو کس قدر یاد آئے گی اس وقت اے روحِ سخن
تو ہی بتا اے جانِ من اے جانِ من جانانِ من
کیا پھر نہ ہوگی ہم نفس مجھ پر توجہ کی نظر
کب تک یہ مجھ سے بے رُخی کب تک یہ غم آٹھوں پہر
جاؤں تو میں جاؤں کہاں، ہے کون میرا چارہ گر
تُو ہی بتا اے جانِ من اے جانِ من جانانِ من

کیوں آئی ہو

○

دل کے اندوہ کشاکش کے ہے زنداں میں اسیر
چرخِ کج رو کی کماں میں ہے سلگتا ہوا تیر
وقت ہے سوچ میں اور سر بہ گریباں تقدیر
اتنے بدلے ہوئے حالات میں کیوں آئی ہو

میں نے تم کو تو کسی طرح پکارا بھی نہیں
میرے جذبات کو طوفاں نے ابھارا بھی نہیں
اور تا حدِ نظر کوئی ستارا بھی نہیں!
ایسی پُر ہول و سیہ رات میں کیوں آئی ہو

یہ بھی ممکن ہے کہ میں پیار کو رسوا کر دوں
رازہائے دلِ صد چاک کو افشا کر دوں
یہ بھی ممکن ہے کہ میں ترکِ تمنا کر دوں
کتنی بھولی ہو مری بات میں کیوں آئی ہو

آج اک ایک ادا پر ہے زمانے کی نظر
دیکھنے والے تمہیں کہتے ہیں دل کش گلِ تر
کہیں ناساز نہ ہو پھول سا نازک پیکر
بھیگی زُلفیں لیے برسات میں کیوں آئی ہو

تم سے بارِ غمِ ایام اُٹھانا مُشکل!
تم سے حالات کی دیوار بھی ڈھانا مُشکل
اور پھر عہدِ وفا تم سے نبھانا مُشکل
دُور رہ کر بھی خیالات میں کیوں آئی ہو

پہلے کچھ سوچ تو لو میں نے کہا کیا تم سے
میں نے کب لائے لبِ شوق پہ اپنے شکوے
جانتی ہو کہ کہاں جور و ستم میں نے سہے
غصّہ کیوں آتا ہے، جذبات میں کیوں آئی ہو

بھول بھی جاؤ

○

ماضی کے ان افسانوں میں تم ہی سوچو کیا رکھا ہے
جس میں دل کا درد چھپا تھا اب وہ ساز ہی ٹوٹ گیا ہے
اُجڑی اُجڑی ہر وادی ہے، ہر منظر سونا سونا ہے
آج کہاں وہ پچھلی باتیں، بھول بھی جاؤ جانے بھی دو
اٹھتے تھے جب کالے بادل، آنچل کیسا لہراتا تھا
چلتی تھیں جب سرد ہوائیں، اک نشہ سا چھا جاتا تھا
اور تمہاری انگڑائی کا عالم کتنا تڑپاتا تھا
وہ انگڑائی، وہ برساتیں، بھول بھی جاؤ جانے بھی دو

فرقت کے اک نام سے پہروں آنسو آنکھوں سے بہتے تھے
دنیا تھی جب پیار کی دشمن ہم بھی کیا صدمے سہتے تھے
کتنی قسمیں کھائیں تم نے، اور نہ جانے کیا کہتے تھے
وہ قسمیں، وہ پیار کی باتیں، بھول بھی جاؤ جانے بھی دو

تم نے تو اک دل مانگا تھا دل کے بدلے ہم کیا پائے
یہ آنسو یہ درد کے شعلے اور یہ غم کے گہرے سائے
امیدوں کے پھول کھلے تھے آخر وہ بھی تو مرجھائے
لے جاؤ یہ سب سوغاتیں، بھول بھی جاؤ جانے بھی دو

کس کو خبر تھی پیار میں اک دن ایسا وقت بھی آجاتا ہے
تنہائی کا اک اک لمحہ دل کی آگ کو بھڑکاتا ہے
غم سے دل جب گھبراتا ہے، غم ہی دل کو سمجھاتا ہے
پیار کے دھوکے، پیار کی گھاتیں بھول بھی جاؤ جانے بھی دو

تنہائی کی سوغات

◎

جاڑے کی ٹھٹھرتی راتوں میں
چنچل سی حسیں برساتوں میں
اور پیار بھری سوغاتوں میں
میں تجھ کو بہت یاد آؤں گا

گھنگھور گھٹا جب لہرائے
گھونگٹ میں چندا شرمائے
جب بھیگا موسم تڑپائے
میں تجھ کو بہت یاد آؤں گا

جب خود کو تنہا پاؤ گی
جب سپنوں میں کھو جاؤ گی
دل دھڑکے گا، گھبراؤ گی
میں تجھ کو بہت یاد آؤں گا

جب گاؤں کے باسی ناچیں گے
جب پیار کے نغمے چھیڑیں گے
آنکھوں کے ساغر چھلکیں گے
میں تجھ کو بہت یاد آؤں گا

جب گاؤں کی پگڈنڈی سے پرے
کھیتوں کی فضاؤں سے آگے
آئیں گے نظر دھندلے سائے
میں تجھ کو بہت یاد آؤں گا

کوئی تم سا تو ہوتا......

○

مہکتی، گنگناتی، عطر برساتی بہاروں میں
ہجومِ رنگ و بُو میں، صبح کے دلکش نظاروں میں
سکوتِ شب میں اور پچھلے پہر خاموش دھاروں میں
یہ مانا تم نہیں ہوتے کوئی تم سا تو ہوتا ہے

چمن میں جب چٹک کر نرم کلیاں مسکراتی ہیں
کبھی دھندلی فضائیں دفعتاً جب جگمگاتی ہیں
میں چپ رہتا ہوں اور تنہائیاں خود گنگناتی ہیں
یہ مانا تم نہیں ہوتے کوئی تم سا تو ہوتا ہے

ہجومِ یاس میں جس وقت دل گھبرانے لگتا ہے
مرے اطراف ابرِ خونچکاں منڈلانے لگتا ہے
تو یہ سچ ہے مجھے اُس دم کوئی سمجھانے لگتا ہے
یہ مانا تُم نہیں ہوتے کوئی تُم سا تو ہوتا ہے

بھری برسات میں پربت پہ جب بادل لپکتے ہیں
شفق زارِ تمنا میں کئی سائے تھرکتے ہیں
کبھی قدموں کی آہٹ سُن کے سب کے دل دھڑکتے ہیں
یہ مانا تُم نہیں ہوتے کوئی تُم سا تو ہوتا ہے

کبھی ہر سمت لہراتا ہے آنچل سا، جہاں میں ہوں
اچانک ہی نظر آتا ہے اک جلوا، جہاں میں ہوں
اٹھاتا ہے کوئی آفاق کا پردا، جہاں میں ہوں
یہ مانا تُم نہیں ہوتے کوئی تُم سا تو ہوتا ہے

بھول

○

مجھ کو یوں خون رلاؤ گے یہ معلوم نہ تھا
تم مجھے بھول ہی جاؤ گے یہ معلوم نہ تھا
برق اک دل پہ گراؤ گے یہ معلوم نہ تھا
عشق کا روگ لگاؤ گے یہ معلوم نہ تھا
مجھ کو دیوانہ بناؤ گے یہ معلوم نہ تھا

اپنی وہ پہلی ملاقات کے دن یاد کرو
چاندنی راتیں، وہ برسات کے دن یاد کرو
مرے دلچسپ سوالات کے دن یاد کرو
اور اپنے وہ جوابات کے دن یاد کرو
مل کے یوں روٹھ بھی جاؤ گے یہ معلوم نہ تھا

تُم پہ تھا اس دلِ وحشی کو بھروسہ کتنا
دیکھتا تھا یہ کبھی خواب محبت کیا کیا
سر میں ہر وقت تمہاری ہی ادا کا سودا
ذرّے ذرّے میں تمہارا ہی وہ دلکش جلوا
آج تم آنکھ چراؤ گے یہ معلوم نہ تھا

لبِ گلرنگ پہ ہر وقت شفق پھولی ہوئی
مرمریں دوش پہ زُلفوں کی لٹیں لہرائی
شوخ آنکھوں میں وہ سو جام و سبو کی مستی
اور فضا بارشِ انوار میں بھیگی بھیگی
یوں بھی تم فتنہ اٹھاؤ گے یہ معلوم نہ تھا

اے جانِ صد بہار

○

دھندلے سے کچھ نقوش اُبھرنے لگے ہیں آج
یادوں کے پھول پھر سے نکھرنے لگے ہیں آج
دل کے حسین گیت سنورنے لگے ہیں آج
اے جانِ صد بہار تو میرے قریب آ

چھایا ہوا نشہ ہے فضائے حیات پر
آیا ہوا شباب ہے اس کائنات پر
آنے لگی ہے یاد تری بات بات پر
اے جانِ صد بہار تو میرے قریب آ

کلیاں بھی کھل کے پھول بنی ہیں زہے نصیب
چھٹنے لگا ہے ہاتھ سے پھر دامنِ شکیب
اب پھر غزل سرا ہے نشاخِ عندلیب
اے جانِ صد بہار تو میرے قریب آ

اُمید جاں بلب ہے تمنا اُداس ہے
دل میرا آج کشتۂ اندوہ یاس ہے
مجھ کو تو صرف تری محبت کا پاس ہے
اے جانِ صد بہار تو میرے قریب آ

طوفاں ہے موجِ بادِ صبا بھی ترے بغیر
اک تیغِ بے نیام ہوا بھی ترے بغیر
دوزخ ہے اس چمن کی فضا بھی ترے بغیر
اے جانِ صد بہار تو میرے قریب آ

کیا تم نہ آؤ گے

○

گھٹا برسات کی اب چھا گئی کیا تم نہ آؤ گے
بہارِ شادمانی آ گئی کیا تم نہ آؤ گے
ہوا عطرِ طرب برسا گئی کیا تم نہ آؤ گے
دولہن بن کر فضا شرما گئی کیا تم نہ آؤ گے

ذرا آ کر تو دیکھو صبحِ گلشن کیا سہانی ہے
ہر اک ذرّے پہ کیف و دل کشی کی حکمرانی ہے
مسرّت کے ہیں جلوے اور فضائے شادمانی ہے
تمہاری یاد دل تڑپا گئی کیا تم نہ آؤ گے

مری حدِ نظر تک ایک نُورانی اندھیرا ہے
یہی شاید مرے احساس کا دلکش سویرا ہے
گلوں کی چھاؤں میں شبنم نہیں تاروں کا ڈیرا ہے
سحر سو بار جا کر آ گئی کیا تم نہ آؤ گے

ستاروں کی طرح ذرّے چمن میں جگمگاتے ہیں
شگوفے مُسکراتے ہیں، عنادل گیت گاتے ہیں
تمہارے دل نشیں وعدے ابھی تک یاد آتے ہیں
وفا اپنی قسم دُہرا گئی کیا تم نہ آؤ گے

تمہاری مُسکراہٹ سے ہے عظمت چاند تاروں کی
تمہارے حُسن کے پرتو سے رونق ہے بہاروں کی
تمہاری دید سے ہے دل کشی سارے نظاروں کی
زباں تک بات دل کی آگئی کیا تم نہ آؤ گے

اگر تم روٹھ جاؤ گے تو پھر کس کو مناؤں گا
میں اپنے داغ ہائے دل کسے جا کر دکھاؤں گا
کسے اپنا کہوں میں اور کسے اپنا بناؤں گا
اجل تک بھی مجھے ٹھکرا گئی کیا تم نہ آؤ گے

زخموں کی چیخ

○

اس برگد کی چھاؤں میں بیٹھے
کتنے موسم ہم نے کاٹے
کتنے نغمے ہم نے چھیڑے
یاد آئے تو رو دیتا ہوں
پیا ملن کی شام سہانی
آشاؤں کی ہنس مکھ رانی
وہ قصے۔ وہ امر کہانی
یاد آئے تو رو دیتا ہوں
وہ شانوں سے گرتا آنچل
نینوں کو چمکاتا کاجل
وہ صدیوں پر بھاری پل پل
یاد آئے تو رو دیتا ہوں

وہ زلفوں کے مہکے گلشن
وہ خوابوں کے ہنستے آنگن
کچّے دھاگے . کچے بندھن
یاد آئے تو رو دیتا ہوں
سُندر سُندر سپنوں کی شب
مدھر ملن وہ گیتوں کی شب
مہکی مہکی زلفوں کی شب
یاد آئے تو رو دیتا ہوں
کتنے پیمان ہم نے باندھے
سوچے روئے، روئے سوچے
آخر شب کے بیتے لمحے
یاد آئے تو رو دیتا ہوں

کہاں تک ساتھ آؤ گے

○

یہ میری آرزو کی راہ سیاروں سے ملتی ہے
فضائے کہکشاں سے نقرئی دھاروں سے ملتی ہے
کبھی اَن جانے، اَن دیکھے شفق زاروں سے ملتی ہے
کہاں تک ساتھ آؤ گی
تمہارے سامنے دلکش بہاروں کا سویرا ہے
اِدھر مجھ کو غم و آلام کے بادل نے گھیرا ہے
میں جس رستے پہ چلتا ہوں اندھیرا ہی اندھیرا ہے
کہاں تک ساتھ آؤ گی
اگر چاہو تو میں آئینِ دنیا توڑ سکتا ہوں
اگر چاہوں تو طوفاں کی کلائی موڑ سکتا ہوں
اگر چاہوں تو تم کو بھی میں آخر چھوڑ سکتا ہوں
کہاں تک ساتھ آؤ گی

مری منزل نہ یہ دنیا، نہ وہ دنیا کے نظارے
بہالے جائیں گے جانے کہاں یہ وقت کے دھارے
ٹھہرتے ہیں کسی اک موڑ پر کب شوق کے مارے
کہاں تک ساتھ آؤ گی

میں ڈرتا ہوں کہیں یہ پھول سا چہرا نہ مرجھائے
کہیں یوں دو قدم چل کر قدم تھک کر نہ رہ جائے
وہ دیکھو سامنے لہرا رہے ہیں درد کے سائے
کہاں تک ساتھ آؤ گی

خبر کس کو زمانہ اور کیا کیا ظلم ڈھائے گا
یہ ممکن ہے ہزار آنکھوں سے یہ پھر خوں رلائے گا
کہیں جس راہ سے گزروں گا یہ کانٹے بچھائے گا
کہاں تک ساتھ آؤ گی

زمانہ نام لے مرا کچھ ایسا کام کرنا ہے!
مجھے مظلوم انسانوں کے سینے میں اُترنا ہے
مجھے ظلم و ستم کی آزمائش سے گزرنا ہے
کہاں تک ساتھ آؤ گی

مرینا کی فضاؤں میں

○

بکھرے تھے کئی نغمے نشاط افزا بہاروں میں
ترے خوابوں کے آنگن میں، وفا کی رہ گزاروں میں
نگاہوں نے تجھے ڈھونڈا کئی چنچل نظاروں میں
مرینا کی فضاؤں میں

تری یادوں کے لمحے تھے، جدائی تھی؛ سمندر تھا
اُبھرتے نُور کے ہالے سے جب ساحل منوّر تھا
مری آنکھوں کے آگے بیکراں جلوؤں کا محشر تھا
مرینا کی فضاؤں میں

وہی لہریں ہیں ان میں تیری افتادِ طبیعت ہے
وہی یادیں ہیں ان میں تیری قربت سی لذّت ہے
وہی نغمے، وہی مستی، وہی خوابوں کی جنّت ہے
مرینا کی فضاؤں میں

ترا ہر بانکپن اب بھی مجھے جب یاد آتا ہے
مرے سوئے ہوئے احساسِ قربت کو جگاتا ہے
تمنائیں مچلتی ہیں کوئی جب مسکراتا ہے
مرینا کی فضاؤں میں

چمن زارِ طرب ہے تو، فروغِ کہکشاں ہے تو
وفا کی آبرو، ناموسِ ذوقِ گل چکاں ہے تو
مری جانِ تمنّا کچھ تو بتلا دے کہاں ہے تو
مرینا کی فضاؤں میں

اُبھرنے کی اُمنگ

○

اے سراپا حُسن، اے جانِ بہشتِ آرزو
اے گلِ رعنا چمن زارِ حسیں کی آبرو
اے مجسّم شعر و نغمہ، اے بہارِ رنگ و بو
کیا تجھے منظور ہے میں دربدر مارا پھروں

کہکشاں زارِ تمنا کے سبک رو قافلے
یہ جوانی کی حسیں رُت، یہ مچلتے ولولے
اور پھر اس نیلگوں آکاش کے سائے تلے
کیا تجھے منظور ہے میں دربدر مارا پھروں

لڑکھڑاتا، ڈگمگاتا بے سہاروں کی طرح
سینہ چاک و دل گرفتہ، غم کے ماروں کی طرح
کشتۂ اندوہِ حرماں، سوگواروں کی طرح
کیا تجھے منظور ہے میں دربدر مارا پھروں

تیرا در، تیری گلی کے ساز و ساماں چھوڑ کر
رشتۂ عہدِ محبت کو مری جاں چھوڑ کر
تجھ سے ملنے کی تمنا، تیرا ارماں چھوڑ کر
کیا تجھے منظور ہے میں در بدر مارا پھروں

جانتا ہوں اس جہانِ رنگ و بو کا انقلاب
سہہ چکا ہے حادثے کتنے دلِ خانہ خراب
کتنی بے دردی سے ٹوٹے ہیں تمناؤں کے خواب
کیا تجھے منظور ہے میں در بدر مارا پھروں

جانتا ہوں بھیس میں دن کے نکل آئی ہے رات
جانتا ہوں میں وفا کے نام پر بگڑی ہے بات
جانتا ہوں موت سے بدتر ہے تنظیمِ حیات
کیا تجھے منظور ہے میں در بدر مارا پھروں

میرے خلوت خانۂ دل میں ہے ارمانوں کا رنگ
بج رہی ہے ذہن کی وادی میں میٹھی جلترنگ
میں بھی ہوں انسان مجھ میں ہے اُبھرنے کی اُمنگ
کیا تجھے منظور ہے میں در بدر مارا پھروں

تیری منزل سے دُور

○

تیری دنیا میں کبھی لوٹ کے آؤں گا نہ میں
اور تمناؤں کو افسانہ بناؤں گا نہ میں
پھر تجھے پیار بھرے گیت سناؤں گا نہ میں
تری منزل سے بہت دُور چلا جاتا ہوں
نگہِ لطف و نوازش کی وہ حسرت بھی نہیں
خواہشِ وصل نہیں، تیری محبت بھی نہیں
تیرا ارمان نہیں، تیری محبت بھی نہیں
تری منزل سے بہت دُور چلا جاتا ہوں
میرے سینے میں ہیں زخموں کے مہکتے ہوئے پھول
میرے دامن میں ہے اب رہگذرِ یاس کی دھول
عشق ہے جرمِ وفا، پیار میری زیست کی بھول
تیری منزل سے بہت دُور چلا جاتا ہوں!

مجھ کو منظور نہیں پیار کی جھوٹی رسمیں !
صرف دھوکے ہیں ترے قول یہ تیری قسمیں
زہر کی موج ہے ہر لمحہ میری نس نس میں
تیری منزل سے بہت دُور چلا جاتا ہوں

تری منزل میں کہاں پھول ہیں انگارے ہیں
ہر طرف خون رُلاتے ہوئے نظارے ہیں
جن کی تقدیر میں ساحل نہیں وہ دھارے ہیں
تیری منزل سے بہت دُور چلا جاتا ہوں

بُھول جا، تجھ کو مری آج ضرورت کیا ہے
جانتا ہوں کہ غمِ زخمِ محبت کیا ہے
جانتا ہوں دلِ ناکام کی قسمت کیا ہے
تری منزل سے بہت دُور چلا جاتا ہوں

معذرت نامہ

○

وہ حسین شام، وہ خاموش بہاروں کا سماں
وہ شفق زار کے جلوے، وہ ستاروں کا سماں
ٹھنڈی ٹھنڈی سی ہوائیں وہ نظاروں کا سماں
بھول جاؤ کہ کبھی ہم نے محبت کی تھی

طاقِ حسرت پہ جلائے ہوئے یادوں کے دیے
کب تلک کوئی جئے درد کے سائے کے تلے
اب یہ حسرت ہے کہ پھر کوئی بھی حسرت نہ رہے
بھول جاؤ کہ کبھی ہم نے محبت کی تھی

یہ کسک، درد کے شعلے، غمِ فرقت کی چبھن
یہ سلگتے ہوئے لمحات، یہ سانسوں کی گھٹن!
اور ہر یاد ہے اوڑھے ہوئے زخموں کا کفن
بھول جاؤ کہ کبھی ہم نے محبت کی تھی

غمِ ہستی کی کشاکش سے گزرنا ہے مجھے
زیست کی سطح سے کچھ اور اُبھرنا ہے مجھے
فکر و احساس کے شعلوں میں اُترنا ہے مجھے
بھول جاؤ کہ کبھی ہم نے محبت کی تھی

تم نہ یہ بار اٹھاؤ تو بہت اچھا ہے
مجھ کو ہمدم نہ بناؤ تو بہت اچھا ہے
آخری شرط نبھاؤ تو بہت اچھا ہے
بھول جاؤ کہ کبھی ہم نے محبت کی تھی

سمجھوتہ

○

چاہو تو کسی اور کو تم اپنا بناؤ
زردار کی میراث سے تم خود کو سجاؤ
بس اتنی گزارش ہے مجھے یاد نہ آؤ
میں کچھ نہ کہوں گا یوں ہی چپ چاپ رہوں گا

ہاں! چاہو تو نظروں سے مری دور رہو تم
زردار کے پہلو میں بدستور رہو تم
اور اس کی محبت میں سدا چور رہو تم
میں کچھ نہ کہوں گا یوں ہی چپ چاپ رہوں گا

تم لاکھ بدل جاؤ مجھے رنج نہ ہوگا
دیکھوں کبھی آنکھوں میں نہ سیلابِ تمنا
کرتے ہو تو کرلو مرے سائے سے کنارا
میں کچھ نہ کہوں گا یوں ہی چپ چاپ رہوں گا

ہر روز نہ ہر اک شام ہنسو موج اڑاؤ
تم غیر کی باہوں میں سدا جشن مناؤ
رخسار کی، ہونٹوں کی لطافت کو لٹاؤ
میں کچھ نہ کہوں گا یوں ہی چپ چاپ رہوں گا

تم پیار کو دولت کی ترازو میں نہ تولو
امرت یہ سراپا ہے کہیں زہر نہ گھولو
بولو تو زر و سیم کی آواز میں بولو
میں کچھ نہ کہوں گا یوں ہی چپ چاپ رہوں گا

دیرینہ خطوط

○

کتنے بیتے ہوئے لمحات کا دیتے ہیں پتہ
کتنے بگڑے ہوئے حالات کا دیتے ہیں پتہ
اک ادھوری سی ملاقات کا دیتے ہیں پتہ
طاقِ زرکار پہ رکھے ہوئے دیرینہ خطوط
مرے کمرے کی فضاؤں میں مہک جاتے ہیں
مری آنکھوں کی طرح یہ بھی جھپک جاتے ہیں
اور پھر ذہن سے آہستہ چپک جاتے ہیں
طاقِ زرکار پہ رکھے ہوئے دیرینہ خطوط

یہ خطوط آج بھی کچھ کہتے ہیں سرگوشی میں
جیسے مصروف ہوں مدت سے یہ دلجوئی میں
کتنے ہنگامے جنم دیتے ہیں خاموشی میں!
طاقِ زرکار پہ رکھے ہوئے دیرینہ خطوط
دل میں بس بس سے گئے ہیں یہ غزل کی صورت
ذہن کی جھیل پہ کھلتے ہیں کنول کی صورت
اور دمکتے ہیں کبھی تاج محل کی صورت
طاقِ زرکار پہ رکھے ہوئے دیرینہ خطوط
دیکھ کر مجھ کو مرے حال پہ رو دیتے ہیں!
خود کو ماضی کے سمندر میں ڈبو دیتے ہیں
اور دامانِ شبِ تار بھگو دیتے ہیں
طاقِ زرکار پہ رکھے ہوئے دیرینہ خطوط

تحفۂ دُعا

○

یاد بیتے ہوئے لمحے نہ دلا جانِ ستم
مجھ سے تو دُور ہی رہ پاس نہ آ جانِ ستم
جانِ من، جانِ جہاں، جانِ وفا جانِ ستم
بڑی مشکل سے بُھلایا ہے تجھ کو میں نے

تُو فریبی ہے تیرا مکھ نہ دکھا آج کے بعد
چھلنی سینے کا مرے دکھ نہ بڑھا آج کے بعد
لمحہ لمحہ نہ دے سنگین سزا آج کے بعد
بڑی مشکل سے بُھلایا ہے تجھ کو میں نے

تیری چاہت میں بھلا موت ہی آجاتی مجھے
تیری فرقت کی سیاہی یونہی کھا جاتی مجھے
زندگی کاش دیوانہ ہی بنا جاتی مجھے
بڑی مشکل سے بُھلایا ہے تجھ کو میں نے

تُو نے ہر رشتہ کو نفرت سے کُچل ڈالا ہے
تُو نے اک پھول کو پیروں سے مَسل ڈالا ہے
باتوں باتوں میں سبھی زہر اُگل ڈالا ہے
بڑی مشکل سے بھلا پایا ہے تجھ کو میں نے

کتنی بے درد ہے، بے رحم ہے، یہ ذات تری
طنز میں ڈوبی فریبی ہر اک بات تری
پھینک کر دُور ہر اک یاد کی سوغات تری
بڑی مشکل سے بھلا پایا ہے تجھ کو میں نے

تُو جہاں جائے جدھر جائے، خدا خوش رکھے!
نت نئی چاہ کے جسموں کی ہوا خوش رکھے
دلِ مجروح کی اتنی ہے دُعا، خوش رکھے
بڑی مشکل سے بھلا پایا ہے تجھ کو میں نے

احساسِ شکست

○

قدم جولانگہ ہستی میں کیوں تھرّانے لگتا ہے
دلِ ناکام ہر آہٹ پہ کیوں گھبرانے لگتا ہے
کوئی نادیدہ سایہ پاس ہی لہرانے لگتا ہے
یہی صورت اگر ہے جانے مستقبل کا کیا ہوگا

چمن زارِ تمنا وقت سے پہلے اُجڑتا ہے
دلِ صد چاک جانے کتنے طوفانوں سے لڑتا ہے
مگر اپنا مقدّر ہے کہ بن بن کر بگڑتا ہے
یہی صورت اگر ہے جانے مستقبل کا کیا ہوگا

جنہیں اپنے سمجھتا تھا وہ مارِ آستیں نکلے
بہارِ حُسن کے جلوے بھی وحشت آفریں نکلے
کہ دم سازِ محبت آشنا شاید کہیں نکلے
یہی صورت اگر ہے جانے مستقبل کا کیا ہوگا

اُجالوں کی تمنا میں اندھیروں کو بھی اپنایا
مگر کھویا ہے میں نے جس قدر اُتنا کہاں پایا
ہمیشہ ہمسفر ہے ہر قدم پر یاس کا سایا
یہی صورت اگر ہے جانے مستقبل کا کیا ہو گا

بہار آئی تو یوں آئی لہو ٹپکا رگِ گُل سے
سکوتِ غم ہے ایسا بُجھ گئے ہیں دل نشیں نغمے
سُلگتے ہیں دلِ ناکام میں احساس کے شعلے
یہی صورت اگر ہے جانے مستقبل کا کیا ہو گا

بھرے گلشن میں یارو دامنِ اُمید خالی ہے
تمنا یاس کے آغوش میں گم ہونے والی ہے
وہی غم ہے وہی دورِ سبوئے خستہ حالی ہے
یہی صورت اگر ہے جانے مستقبل کا کیا ہو گا

اے مرے ہندوستان

○

وادیاں تیری ہیں دلکش، باغ ہیں تیرے حسیں
جُھومتا ہے جُھک کے چرخِ نیلگوں تیری جبیں!
تیرا ہر ذرّہ ہے ارمانوں کی فردوسِ بریں!
اے مرے ہندوستاں، میرے وطن، میری زمیں

لہلہاتے کھیت تیرے، اونچے اونچے کوہسار
ہیں تری آغوش ہیں جب تک کروڑوں جاں نثار
یہ حقیقت ہے کہ تجھ پہ آنچ آ سکتی نہیں!
اے مرے ہندوستاں، میرے وطن، میری زمیں

اس چمن کو ہم نے سینچا ہے لہو کی دھار سے
ہم کفن بردوش اٹھیں گے تیری للکار سے
تیری ہر آواز گونجے گی رگِ جاں کے قریں
اے مرے ہندوستاں، میرے وطن، میری زمیں

تجھ سے ہے آباد ہر اک آرزو، ہر اک اُمنگ
قطرہ قطرہ موتیاں، لعل و گہر ہیں خشت و سنگ
صبح ہے تیری سُہانی، شام ہے تیری حسیں
اے مرے ہندوستاں، میرے وطن، میری زمیں

تجھ سے جانے کتنے اربابِ ہُنر پیدا ہوئے
اہلِ دل، اہلِ خرد، اہلِ نظر پیدا ہوئے
آج بھی دنیا کے نقشے میں ترا ہمسر نہیں
اے مرے ہندوستاں، میرے وطن، میری زمیں ○

حوصلہ اونچا ہے تیرا، عزم ہے تیرا بلند
کوئی کیا پہنچا سکے گا تیری ہستی کو گزند
جل کے رہ جائیں گی دشمن کی اُمیدیں سب یہیں
اے مرے ہندوستاں، میرے وطن، میری زمیں

عدل ہے دستور، امن و آشتی تیرا اصول
رہ زنی تجھ سے عبث ہے، دشمنی تجھ سے فضول
آج بھی ہر طرح سے بے داغ ہے تیری جبیں
اے مرے ہندوستاں، میرے وطن، میری زمیں

ناصر کاظمی، احمد فراز، پروین شاکر اور افتخار عارف

پاکستانی اردو شاعری کے چار معتبر نام

مصنف : علیم صبا نویدی

بین الاقوامی ایڈیشن منظر عام پر آچکا ہے